KAMA SUTRA

Cette édition publiée en Inde en 1994 pour
Bookwise (India) Pvt. Ltd.
NEW DELHI, INDE
par Octopus Illustrated Publishing
Michelin House
81 Fulham Road
Londres SW3 6RB

Droits de distribution exclusifs en Inde et au Népal par
The Variety Book Depot
AVG Bhawan, M-3, Con Circus
NEW DELHI-110 001, INDIA

Dessin: Grahame Dudley Associates

ISBN 0 600 57206 4

Produit par Mandarin Offset
Imprimé et relié à Hong Kong

KAMA SUTRA

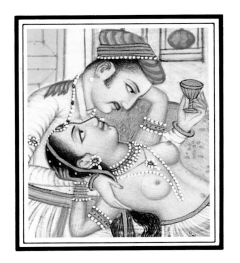

BOOKWISE (INDIA) PVT. LTD.
De Beaux Livres de l'Orient et de l'Occident
NEW DELHI-INDE

INTRODUCTION

Le Kama Sutra est l'un des grands livres du monde, rédigé à Bénarès, il y a près de deux mille ans par le vieux sage Vatsyayan. Il s'était rendu à la ville sacrée au bord du Gange pour y finir ses jours qu'il consacra, en tant que devoir religieux, à la rédaction de cette oeuvre. Le sexe, dans l'Hindouisme, est chose sacrée et l'acte de l'amour est considéré comme l'accomplissement d'un sacrement-le renouvellement de l'union divine entre les dieux et les déesses.

Bien qu'il soit le plus grand des manuels d'amour hindous, le Kama Sutra fait partie d'une tradition continue. Vatsyayana puisa dans une vaste masse d'érotologie accumulée au long des siècles, choisissant ce qu'il désirait et y ajoutant ses propres commentaires. Plus tard, les écrivains du Moyen Age de l'Inde se servirent de son oeuvre, de la même manière. Le texte du livre que voici vient principalement de la traduction du Kama Sutra faite sur commande et éditée par Sir Richard Burton et F.F. Arbuthnot, mais les extraits venant du célèbre soixante-quatre de Vatsyayana-le chapitre au sujet du sexe-ont été enrichis par de nouvelles traductions de textes médiévaux sur l'amour qui avaient été rédigés sur le modèle du Kama Sutra. Cela pour brosser l'ampleur et la variété des enseignements indiens sur le plan de l'amour et pour encourager ceux qui ignorent ces livres merveilleux de lire non seulement le Kama Sutra dans sa version intégrale, mais aussi l' Ananga-Ranga et le Koka Shastra, oeuvres disponibles en traduction.

Les manuels hindous d'amour donnent nombreux conseils sur le plan pratique-pour peu que les attitudes brossées dans certains ne conviennent qu'aux gymnastes professionnels ou à ceux dotés d'articulations doubles-mais on note sousjacent à tous les enseignements un message bien plus important, à savoir que l'acte sexuel n'est pas un péché mais quelque chose de belle et que les hommes et les femmes se complètent, étant éternellement égaux. Le corollaire en est que tout système qui nie ces vérités est un refus de la vie.

*Le Kama peut s'apprendre du Kama Sutra qui veut
dire simplement la 'Science de l'Amour'.*

*Le Kama est la jouissance des objets appropriés grâce
aux cinq sens de l'ouïe, du toucher, de la vue, du goût
et de l'odorat, aidés par l'esprit ainsi que l'âme.*

La partie du Kama Sutra portant sur l'union sexuelle s'appelle le 'soixante-quatre'. Celui versé dans le soixante-quatre est considéré avec amour par sa propre épouse, par les épouses des autres et par les courtisanes.

Si une épouse se sépare de son mari et se trouve en détresse, elle pourra facilement gagner sa vie, même dans un pays étranger, grâce à la connaissance de ces arts.

L'avant-chambre, parfumée, devrait comporter un lit, doux, agréable à la vue, recouvert d'un drap blanc et propre...portant des guirlandes et bouquets de fleurs et un baldaquin ainsi que deux oreillers...

Etant tendres de nature, les femmes souhaitent des débuts tendres...Mais celui qui délaisse la jeune fille qui a l'air trop timide est méprisé par elle comme une bête qui ignore le travail de l'esprit féminin.

13

La conscience du plaisir est différente chez l'homme et chez la femme...l'homme se dit 'Cette femme s'est unie à moi', alors que la femme se dit 'Je suis unie à cet homme'.

Le moment de la rencontre est propice à quatre genres d'étreintes: l'enlacement de la liane; l'ascension de l'arbre; le mélange de la graine de sésame et du riz; et l'étreinte lait et eau...les deux derniers au moment de l'union sexuelle.

Voici les endroits qu'il importe de baiser: le front, les yeux, les joues, la gorge, la poitrine, les seins, les lèvres. Si l'un des deux lèche avec sa langue les dents, la langue et le palais de l'autre, cela s'appelle 'le combat de la langue'.

L'EPOUSE D'INDRA

Lorsqu'elle expose ses cuisses en repliant ses jambes..c'est l'attitude d'Indrani, qui demande beaucoup de pratique.

VIJHRIMBITAKA—LE BAILLEMENT

*Quand l'amant s'agenouille entre les cuisses de la
femme qui relève les deux jambes, les ouvrant bien
grandes...c'est l'attitude du bâillement.*

24

LA RUSE DE LA JUMENT

Lorsqu'elle serre et trait le lingam de son amant avec son yoni-comme une jument tient un étalon-c'est Vadavaka, *la Jument.*

LE COBRA

*Si, étendue le visage retourné, la jeune fille aux yeux
de faon vous offre ses fesses et votre verge entre dans
la maison de l'amour, c'est le Nagabandha,
l'accouplement du Cobra.*

27

De tels actes ardents...faits sous l'impulsion du moment, et lors des rapports sexuels, ne peuvent se définir étant aussi irréguliers que les rêves.

La Conque

Quand elle relève ses cuisses et vous les chevauchez,
vos genoux bien serrés, l'embrassant tendrement
assis sur ses fesses, c'est le Shankha, la Conque.

PRENKHA—LA BALANCOIRE

Dans la chambre des plaisirs, ornée de fleurs...ils peuvent faire des plaisanteries évocatrices considérées comme grivoises, et dont on ne fait pas mention généralement dans la société.

33

BANDHURA—LE NOEUD COURBE

...si l'homme et la femme agissent chacun au gré de l'autre, leur amour réciproque ne s'atténuera même pendant cent ans.

Le Chien

Une personne ingénieuse devrait multiplier les genres d'union à la manière des différents genres de bêtes et oiseaux...cela fait naître dans le coeur de la femme l'amour, l'amitié et le respect.

L'UNI

Quand un homme jouït de deux femmes à la fois, les deux l'aimant pareillement, c'est 'l'union d'un troupeau de vaches'.

LE PILON

Etendue comme une perche au milieu du lit, elle s'unit à vous dans l'acte de l'amour, ses petits cris s'élevant alors que vous polissez son bijou de clitoris: c'est Mausala , le Pilon.

UTPHULLAKA—LA FLEUR

*Dans cette attitude, quand le lingam est dans la yoni,
montant fréquemment et redescendant sans être
retiré, c'est le 'jeu du moineau'.*

LE BARATTEMENT DU LAIT CAILLÉ

*Encageant l'amoureuse dans vos bras, vous séparez
ses genoux et vous vous enfoncez en elle, écrasant
son corps contre le vôtre; c'est le Dadhyataka, ou le
barattement du Lait Caillé.*

LE DAIM

Si, lascive, votre bien-aimée s'enfouit le visage dans l'oreiller et se tient à quatre pattes comme un animal, et en rut, vous vous accouplez comme des bêtes sauvages, c'est le Harina, le Daim.

UTPIDITAKA—LA PRESSION SERREE

*...un homme devrait frotter la yoni de la femme de sa
main et de ses doigts (tout comme le fait l' éléphant
avec sa trompe) jusqu'à ce qu'elle s'amollit avant de
s'engager dans l'accouplement...*

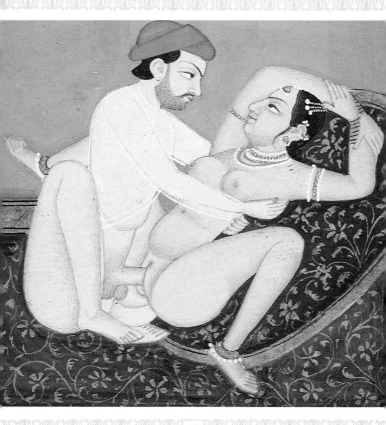

LE GENOU—COUDE

Si vous soulevez la jeune fille avec vos coudes sous ses genoux et vous jouissez d'elle alors qu'elle tremble, suspendue, ses bras entourant votre cou, c'est le Janukurpura, le Genou-Coude.

TRIPADAM—LE TREPIED

Si un homme et une femme s'appuient chacun sur le corps de l'autre ou contre un mur ou pilier, et s'accouplent debout, c'est 'l'Accouplement Soutenu'.

VIPARITAKA (TOUT A L'ENVERS)

*Quand le couple amoureux se sert de son
imagination pour tout faire à l'envers ou quand la
femme joue le rôle de l'homme, ces jeux passionnants
deviennent le Viparitaka ou 'accouplement à
l'envers'.*

GHATTITA—LE BROYAGE

*Alors qu'un homme fait avec une femme ce qui lui
plaît le plus pendant l'accouplement, il devrait
toujours serrer les parties du corps vers lesquelles elle
dirige ses yeux.*

HASTIKA—L'ELEPHANT

De la même manière peut se faire l'accouplement d'un bouc...la monte forcée d'un âne...le saut d'un tigre...le frottement d'un sanglier, et la monte d'un cheval.

L'ABEILLE NOIRE

*Si vous vous étendez à plat, votre bien-aimée montée
à califourchon sur vous, ses pieds relevés et ses
hanches pivotantes de sorte que votre lingam pivote
au fond de son organe, c'est le Bhamara, l'Abeille
Noire.*

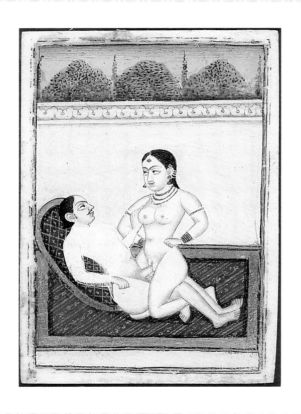

KAKILA—LE CORBEAU

*Si, étendus l'un à côté de l'autre, vous vous baisez
chacun les organes sexuels de l'autre, c'est le rapport
sexuel du Corbeau...une technique à laquelle se
livrent beaucoup les esclaves, itinérants et basses
classes.*